VINGT PORTRAITS

CONTEMPORAINS

VINGT
PORTRAITS

CONTEMPORAINS

PAR

NOTICE

PAR

JEAN RICHEPIN

PARIS

M. MAGNIER ET Cⁱᵉ, ÉDITEURS

53 bis, quai des Grands-Augustins

1886

ANDRÉ GILL

Tous ceux qui ont fréquenté Gill se rappellent l'anecdote suivante, qu'il aimait à raconter.

Un jour, Timothée Trimm entend frapper à sa porte.

— Qui est là ? demande-t-il avec sa petite voix de gros homme.

C'est une voix grave, chaude et timbrée, qui lui répond :

— André Gill.

— Connais pas, réplique le journaliste.

Et Gill de riposter, orgueilleux et tonitruant :

— Vous êtes le seul.

Orgueilleux ? Non pas. Sincère et véridique, rien de plus. C'était tout simplement la constatation naïve d'un fait. Qui donc, en effet, ne connaissait pas Gill, à cette époque? Qui pouvait ne pas le connaître? Il était en plein épanouissement de renommée. Sa signature flamboyait à tous les kiosques. Il tenait l'Empire en échec du bout de son crayon. Nous le portions en triomphe à Bullier. Il y régnait, et aussi à l'Elysée-Montmartre, comme un sultan dans son sérail. On se retournait pour le regarder passer sur le boulevard. Il était André Gill, le grand caricaturiste, l'homme du jour avec Rochefort. Il rayonnait. Il vivait dans une apothéose de popularité. Il avait été « bœuf-gras! »

Oui, orgueilleux, peut-être. Que d'autres le furent à moins! Et puis, ces airs de triomphateur lui allaient si bien, à lui! Même obscur, il aurait eu le droit de les arborer; car il avait, comme on dit, le physique de l'emploi.

Grand, découplé, musclé, les jarrets tendus, les mollets saillants (des jambes pour Michel-Ange, proclamait-il dans un sourire), les épaules larges, la poitrine bombée, la tête haute et fière sous une chevelure apollonienne, la moustache en pinceaux poignardant le ciel, il était beau, crâne, naturellement superbe; et on ne l'imaginait pas autrement qu'avec ces allures romantiques, ce verbe ronflant, cet accent et ces gestes à la Frédérick Lemaître.

Rien de blessant, d'ailleurs, sous ces attitudes, un peu emphatiques au premier abord, mais où les malveillants seuls ont vu de la pose. Le regard des yeux bleus était très doux. La moustache de capitan cachait une bouche joyeuse et affable. Au bout de deux ou trois phrases grandiloquentes, la voix se désenflait tout de suite en modulations tendres, pénétrantes, pleines de caresses. Le grand geste, envolé comme s'il brandissait une rapière de cinquième acte, s'achevait dans une poignée de main cordiale et familière. Et alors on s'apercevait que ce prétendu « épateur » était, au fond, un timide, un enfant, par-dessus tout un bon enfant.

Timide, je l'ai vu tout à fait timide, en plusieurs circonstances, quand il sortait de son milieu et ne pouvait plus parler haut pour s'étourdir. C'était dans des salons bourgeois, où sa redingote inaccoutumée le gênait, où son esprit lui-même semblait s'être enredingoté. Non pas qu'il y apportât la gaucherie d'un fils du peuple, inexpert aux convenances. D'une distinction native très réelle, d'un sang noble (il s'appelait de son vrai nom Louis Gosset de Guines), il y gardait grand air. Mais on sentait, dans sa réserve excessive, la peur de ne pas paraître comme tout le monde. Il était timide encore, d'une autre timidité, devant les gens qu'il admirait : Hugo, Vallès. Chez Hugo, cela lui faisait l'effet, selon son expression, d'être chez le bon Dieu. Avec Vallès, malgré une longue intimité, il prenait un ton d'écolier respectueux du « magister dixit. » Auprès des femmes aussi, quand elles n'étaient pas du quartier latin ou de Montmartre, il devenait embarrassé. Je l'ai vu rougir et ne pouvoir rien répondre à un compliment de madame Théo.

Il n'était bien à l'aise qu'entre amis, entre camarades, entre bohêmes, au café, dans un atelier, à déjeuner chez un marchand de vins. Car, en bon Parisien qui connaît les endroits sérieux, il préférait la cuisine nature du marchand de vins à la chimie alambiquée du restaurant. Là, d'ailleurs, près du zinc, il était chez lui, au milieu de « son peuple ». Et, de fait, les bouffantes culottes de velours des charpentiers, les cottes, les blouses, les bourgerons, les casquettes, s'harmonisaient mieux que les jaquettes et les hauts-de-forme avec sa toilette au chic artiste et débraillé, sa chemise de couleur à large col ouvert très bas, son veston flottant, son gilet toujours déboutonné sur les pectoraux, et son chapeau de bersaglier aux grands bords plats. Sur les boulevards, on le prenait pour un monsieur qui veut se faire remarquer. Chez le marchand de vins, on le trouvait « rupin » et « chouette. »

Je me rappelle une sortie de lui, un soir que nous nous étions laissé inviter, par le futur fondateur d'un journal élégant, à dîner dans un « café Anglais » quelconque. Le maître d'hôtel, à mine de diplomate, proposait un menu raffiné, des hors-d'œuvre exotiques, des primeurs, des plats portant des noms célèbres dans l'histoire de France, des vins qu'on traîne en voiture comme des invalides. Notre amphitryon, qui visiblement voulait nous éblouir, choisissait les choses les plus hétéroclites, et disait chaque fois, avec un clin d'œil de satisfaction :

— N'est-ce pas, Gill?

Et Gill, intimidé par la solennité du lieu, la gravité du maître d'hôtel, les regards gouailleurs jetés à la dérobée sur nos costumes de la rive gauche et nos chevelures d'anthropophages, Gill acquiesçait mélancoliquement. Soudain, il aperçut un sourire dans l'œil du maître d'hôtel lui-même. C'en était trop. Refoulant sa timidité, il retroussa bravement sa moustache, et, d'une voix sonore qui fit trembler toute la salle :

— Garçon, dit-il, pour moi, ça sera un bœuf et un litre.

Ce « bœuf » et ce « litre », à combien de ventres creux les a-t-il offerts, le bon Gill ! Oh ! bon surtout, adorablement bon. De mauvaises langues ont raconté que, s'il était toujours entouré de commensaux, c'est parce qu'il avait horreur de la solitude, et parce qu'il aimait à se faire une cour. Une cour des miracles, alors ! Car c'était surtout des éclopés de la vie, des estropiés de l'art, qu'il hébergeait. Et sans leur demander en retour leur admiration, ni même leur reconnaissance. J'en ai entendu, de ces pauvres diables, dire du mal de lui, devant lui, ayant encore dans leurs barbes les miettes de son repas et les rubis de son litre partagé. Il ne leur en voulait point, excusait même leur ingratitude qu'il trouvait bouffonne, et ne les faisait taire qu'en les soûlant.

C'est qu'il aimait vraiment les malheureux. Il avait connu la misère, les jours sans pain et les

nuits sans gîte. Et comme il racontait ce temps-là!
Sans emphase, sans amertume, avec de douces larmes
au souvenir d'une vieille tante qui lui avait servi de
mère, à lui l'enfant naturel, orphelin. Il ne tirait
pas de là des déclamations contre la société marâtre,
mais une profonde pitié pour les malchanceux. A
l'heure où la folie arriva, éteignant ses idées, ses
dernières pensées furent des pensées charitables à
leur endroit. Ces pensées-là étaient sans doute ses
plus tenaces, celles, comme dit Pascal, de derrière
la tête. Quand on vint le prendre à la maison de
santé d'Evère, pour le ramener à Paris, après son
premier accès, on trouva sur la table de son caba-
non les vers suivants, pleins d'incorrections, sans
doute, mais où le métier seul est à la débandade, et
non le cœur.

TESTAMENT

Si l'on pouvait choisir son lieu de sépulture,
Je voudrais que le mien fût en pleine nature
Et fait d'un sol fertile au bord du grand chemin
Où vont, furtifs, pâlis, nus et tendant la main,
Les grelottants glacés de la misère humaine,
Orphelins, vagabonds, mendiants, va-nu-pieds,

Les vendeuses d'amour aux seins estropiés,
Et tous ceux qui s'en vont rampant sous le soleil
Ou la neige, transis, sans repos, sans sommeil,
Au-devant de la mort horrible et maternelle.
Et je voudrais aussi, dans ma couche éternelle,
Qu'un arbre issu de moi, de mon cœur, de ma chair,
Montât robuste et fort jusqu'au fond du ciel clair,
Inondé de rayons, fourmillant de fleurs rouges,
Plein de fruits et d'oiseaux, pour que, du fond des bouges
Où pleurent les damnés d'ici-bas, l'on pût voir
En troupeaux d'affamés, comme un long serpent noir,
A mon arbre venir les gueux de toute espèce,
Et dénouer autour de mes branches leur tresse,
Et manger, boire, et rire et chanter des chansons,
Et le soir, au couchant, sur l'or des horizons,
En groupes amoureux organiser la danse,
Et sentir dans leur âme obscure l'espérance
Renaître, et courtiser des gueuses tout le jour,
Les lèvres empourprées de rouges fleurs d'amour.

Car il était poëte, on le voit, et même plus poëte
que peintre; ou plutôt, pour dire toute la vérité, il
était par dessus tout et essentiellement poëte.

Conception de poëte, cette caricature à la fois
brutale et spirituelle, toute de synthèse, et, tran-
chons le mot, « de chic ». Il trouvait, en effet, la
ressemblance, et criante, sans connaître le modèle la

plupart du temps. C'était même chez lui une théorie,
de dessiner en quelque sorte littérairement. Il a
écrit quelque part ceci :

« Je n'ai jamais vu M. Thiers. Je l'ai, à ma façon,
« dessiné cinq cents fois peut-être ; je ne l'ai jamais vu.
« Cet aveu fait, je n'ai plus qu'à exaspérer les peintres
« fanatiques de la copie méticuleuse du modèle, en décla-
« rant qu'*il me semble avoir mieux fait, pour dessiner*
« *Thiers, de ne le pas voir*, et que, par ce moyen, j'ai
« mieux tenu compte de sa légende ».

Conception de poëte, aussi, cette peinture, à la-
quelle on reprochait très justement d'être noire, et
qui cependant était émouvante, vivante, faisait rêver.
Rappelez-vous, si vous avez eu le bonheur de voir
ces toiles : « l'Astezani », le nain grattant sa mando-
line, à côté d'une grosse botte de roses ; « le Dimanche
de pauvres », cette famille d'ouvriers revenant de la
banlieue, la femme pendue au bras de l'homme, le
gosse à califourchon sur les épaules du père, le
plus grand traînant une branche de lilas ; « la Leçon
de musique », un bébé grassouillet, assis devant
un pot de fleurs, et battant la mesure, que suivent
en chantant sept oisillons échelonnés sur les rameaux
de l'arbuste ; et rappelez-vous surtout le « Requiem

du Rossignol », une adolescente debout, aux formes
grêles et suaves, aux cheveux mordorés comme des
feuilles d'automne, aux yeux brillants de larmes,
qui joue d'un violon appuyé à l'italienne sur sa
cuisse, tandis qu'entre ses pieds gît le cadavre de
l'oiseau, les ailes à demi éployées, les petites pattes
crispées et raides.

Conception de poëte, aussi, ce panorama dont j'ai
vu l'esquisse, où toutes les célébrités d'un quart de
siècle étaient rassemblées place de la Concorde, et
avec quel esprit! Je me souviens, par exemple, de
ce trait. L'omnibus du Panthéon passait, portant sur
son impériale Hugo, Leconte de Lisle et Banville
en train d'y grimper. Derrière courait Coppée. Devant se campait Zola, un riflard à la main pour bar-
rer le passage aux chevaux. Ce n'est là qu'un détail,
entre mille, tous ingénieux. Idées de caricaturiste,
d'accord! Mais le rêve de Gill allait plus haut. Il
imaginait des panoramas semblables faits tous les
vingt-cinq ans, et laissant à la postérité une histoire
vivante, chaque époque avec ses gens, son décor,
son Paris spécial. On a prétendu qu'il était déjà fou,
quand il a eu ce rêve grandiose. Fou! vous voyez
bien! Qu'est-ce que je disais? Conception de poëte!

Et poëte, il l'était aussi de profession. Témoin ses vers. Pourquoi n'a-t-on pas réuni ces pièces éparses qui devaient composer un volume intitulé « la Muse humaine » ? Témoin des plans de drames, des bouts de romans. N'est-ce pas une charmante fantaisie de poëte, que ce « Noël Jourdelan », commencé en nouvelle dans la « Parodie », si je ne me trompe, puis repris plus tard en poëme, après sa première sortie de Charenton, et dont j'ai le manuscrit ? « Noël Jourdelan », est un gueux, à qui le bon Dieu accorde cette grâce singulière de revivre sa vie à rebours, en débutant par la vieillesse et en finissant par l'enfance. Quel joli et profond motif, à la fois plein d'humour, d'originalité, et de philosophie !

Et poëte, il l'était encore de bien d'autres façons, admirablement doué pour rendre ses sentiments par les moyens d'expression les plus variés. Car il disait les vers à miracle, et chantait délicieusement. Vous en souvenez-vous, Daubray, Scipion, gais compagnons cependant, qu'il vous a fait pleurer ? C'était un soir d'été, à Meudon. On avait ri. La vie était rose. Du diable si l'on avait le cœur à la mélancolie ! A propos de quoi nous déclama-t-il « Un vieux lapin » ? Je ne sais plus. Mais ce qu'il y a de sûr, c'est que tout le monde « y alla de sa larme. » Et d'autres fois, dans son grand atelier du boulevard d'Enfer! Et auparavant, dans son petit cinquième de la rue d'Assas! Vous rappelez-vous, fillettes à qui il lisait du Dickens? « Il est mort, le pauvre Joe! Il est mort, mylords et gentlemen!... » Vous rappelez-vous, quand il chantait « l'Archet » de Charles Cros, sur la douloureuse musique de Cabaner? Vous rappelez-vous vos bonnes larmes?

Il est mort, le pauvre Joe! Il est mort, mylords et gentlemen! Hélas! Et rien ne reste de lui, que la page émue de Dickens. Et voilà que du pauvre Gill aussi rien ne semble être resté. Ses quelques tableaux se sont dispersés au hasard des enchères, et leur noire couleur ira en noircissant encore. Ses caricatures ont le sort lamentable des vieux journaux, dont les pages volantes, mal imprimées sur du mauvais papier, s'effacent, se déchirent, et dont les collections s'effeuillent aux vents du quai. Quelques-uns de ses vers seulement ont été recueillis, mêlés à des parodies et à des pastiches, fort amusants d'ailleurs, mais dans une plaquette qui ne porte même pas son nom. Quelques lambeaux d'articles ont été cousus en un volume, noyé dans l'effroyable

déluge de l'imprimerie contemporaine. Et puis, c'est
tout. Il est donc condamné à mourir tout entier, le
bon Gill, excepté dans la mémoire de ceux qui
l'ont connu? Et ceux-là disparus à leur tour, ce sera
fini. Il est mort, le pauvre Joe!

Ce pressentiment fut amer à ses derniers jours.
C'est pour tâcher de se survivre qu'il avait entrepris
ce panorama, cette image documentaire « qu'on serait forcé de consulter plus tard », disait-il. Et c'est
pour cela aussi qu'il avait eu l'idée de condenser,
en quelque sorte, son œuvre de caricaturiste, dans
des toiles plus achevées que des pages de journal.
De là les vingt tableaux suivants.

Ces tableaux, cette quintessence de ses « charges »,
les voilà au moins sauvés de l'oubli! Ils pouvaient
se perdre, se séparer les uns des autres, noircir,
brûler, s'évanouir comme le reste. Reproduits dé-
sormais, artistiquement, dans toute leur fraîcheur
première, confiés aux exemplaires d'une édition de
luxe, ils ont chance de durer.

Que n'en fait-on autant pour ses poëmes, cette
quintessence de son esprit et de son cœur, où il a
mis le meilleur de lui? Alors André Gill serait tout
à fait arraché à la nuit qui menace de l'engloutir.

Dans cette pléïade du xixe siècle, qui vaut bien celle de la Renaissance, et qui demeurera glorieuse pour notre histoire littéraire, il aurait son médaillon avec son brin de laurier. Et certes, parmi tant de poëtes que nous sommes, il n'en est guère qui en soient plus dignes que lui. Car vous pouvez feuilleter bien des recueils de rimes, avant de trouver beaucoup de vers aussi touchants, aussi solides, aussi beaux que cet admirable sonnet, où se résume toute la destinée des artistes solitaires :

HOROSCOPE

Malgré les larmes de ta mère,
Ardent jeune homme, tu le veux,
Ton cœur est neuf, ton bras nerveux,
Viens lutter contre la chimère.

Use ta vie, use tes vœux
Dans l'enthousiasme éphémère.
Bois jusqu'au fond la coupe amère.
Regarde blanchir tes cheveux.

Isolé, combats, souffre, pense.
Le sort te garde en récompense
Le dédain du sot triomphant,

> La barbe auguste des apôtres,
> Un cœur pur, et des yeux d'enfant
> Pour sourire aux enfants des autres.

Non, mon cher Gill, mon bon et tendre Gill, non, avec quelques vers pareils, il n'est pas vrai que vous deviez mourir tout entier. Ceux-là seuls suffiraient à garder votre mémoire. Quiconque les entendra vous aimera, et ainsi vous survivrez. Car il s'applique à vous, le mot charmant que vous disiez à propos de ce pauvre Joe, dont la fin faisait si tristement se douloir votre mignonne de la rue d'Assas. Elle ne pouvait s'en consoler, de la mort de ce pauvre Joe, si bien lue par vous. Elle trouvait Dickens cruel de l'avoir tué. Elle sanglottait. Elle répétait toute navrée :

— Dire qu'il est mort ! Dire qu'il est mort !

Et vous lui répondîtes en l'embrassant :

— Mais non, grosse bête, il n'est pas mort, puisque tu le pleures, puisque tu l'aimes.

JEAN RICHEPIN.

VICTOR HUGO

HISTOIRE
de FRAN

LITTRÉ

LE DUC D'AUMALE

BISMARCK

PAUL DE CASSAGNAC

ALEXANDRE DUMAS FILS

PORTRAITS

DE LA COLLECTION

Victor Hugo.

Thiers.

Jules Grévy.

Littré.

Gambetta.

Louis Blanc.

Garibaldi.

Mac Mahon.

Le duc d'Aumale.

Bismarck.

Le roi des Belges.

Le czar Alexandre II.

Alfred Naquet.

Paul de Cassagnac.

Alexandre Dumas fils.

Émile Zola.

Coquelin aîné.

Sarah Bernhardt.

Daubray.

Gil Naza.